BEI GRIN MACHT SICH IHR WISSEN BEZAHLT

- Wir veröffentlichen Ihre Hausarbeit, Bachelor- und Masterarbeit

- Ihr eigenes eBook und Buch - weltweit in allen wichtigen Shops

- Verdienen Sie an jedem Verkauf

Jetzt bei www.GRIN.com hochladen und kostenlos publizieren

Bibliografische Information der Deutschen Nationalbibliothek:

Die Deutsche Bibliothek verzeichnet diese Publikation in der Deutschen National-
bibliografie; detaillierte bibliografische Daten sind im Internet über http://dnb.d-
nb.de/ abrufbar.

Impressum:

Copyright © 2014 GRIN Verlag, Open Publishing GmbH
Druck und Bindung: Books on Demand GmbH, Norderstedt Germany
ISBN: 978-3-668-04575-0

Dieses Buch bei GRIN:

http://www.grin.com/de/e-book/306435/inhalte-zusammenfassen-eine-unterschaetz-
te-anforderung

Juliane Richter et al.

Inhalte zusammenfassen. Eine unterschätzte Anforderung?

Eine Übung anhand des ersten Kapitels aus "Simple Stories" von Ingo Schulze

GRIN Verlag

GRIN - Your knowledge has value

Der GRIN Verlag publiziert seit 1998 wissenschaftliche Arbeiten von Studenten, Hochschullehrern und anderen Akademikern als eBook und gedrucktes Buch. Die Verlagswebsite www.grin.com ist die ideale Plattform zur Veröffentlichung von Hausarbeiten, Abschlussarbeiten, wissenschaftlichen Aufsätzen, Dissertationen und Fachbüchern.

Besuchen Sie uns im Internet:

http://www.grin.com/

http://www.facebook.com/grincom

http://www.twitter.com/grin_com

Friedrich-Schiller-Universität Jena

Institut für Germanistische Literaturwissenschaft

Modul: Literaturwissenschaft und Schule

Seminar: Kurze Erzählungen im Deutschunterricht

Verfasser(innen):

Julia Just | Juliane Richter | John Heilmann

07.05.2014

Ingo Schulze: Simple Stories (Kapitel I - Zeus)
Inhalte zusammenfassen - eine unterschätzte Anforderung?

Inhalt

1 Biografische Angaben zum Autor

Ingo Schulze wurde am 15.12.1962 in Dresden als Sohn des Physikprofessors Dr. Werner Schulze und der Ärztin Dr. Christa Schulze geboren. Nach der Scheidung seiner Eltern wuchs er bei seiner Mutter auf und absolvierte 1981 in Dresden das Abitur. Danach ging er für 18 Monate zum Grundwehrdienst. In den Jahren 1982 bis 1988 schloss er das Studium der Klassischen Philologie (Altgriechisch, Latein) und Germanistik in Jena ab. Von 1988 bis Anfang 1990 arbeitete Schulze als Schauspieldramaturg am Landestheater in Altenburg. Ebenfalls in Altenburg war er von 1990 bis Ende 1992 an der Gründung und Mitarbeit des „Altenburger Wochenblatt" und „Anzeiger" beteiligt. Im Jahr 1993 ging Schulze nach St. Petersburg und gründete von Januar bis Juli den ersten kostenlosen Anzeiger „Priwet Peterburg". Seit September 1992 lebt Schulze in Berlin bis heute.

Alle Angaben wurden der Homepage Ingo Schulzes entnommen, welche Sie unter folgendem Link einsehen können: http://www.ingoschulze.com/biografie.html (Zugriff: 22.04.2013).

2 Allgemeines zum Werk: „Simple Storys"

Simple Storys ist ein Roman aus der ostdeutschen Provinz und wurde 1998 in Berlin verlegt. Insgesamt umfasst das Werk 304 Seiten und ist in 29 einzelne Kapital gegliedert. Die Geschichten spielen im thüringischen Altenburg, wo Schulze selbst einige Zeit lebte und wirkte. Im Mittelpunkt stehen die Folgen der Wende für seine Figuren sowie die Attestierung der „Nachwendeweinerlichkeit".

3 Inhaltsangaben im Deutschunterricht - Was steckt hinter der Aufgabe: „Fasse den Inhalt des Textes zusammen."?

Im heutigen Deutschunterricht ist das Rezipieren von Texten von enormer Bedeutung, und wird als „Hinführung zur Textanalyse und -interpretation" (Leubner/Saupe 2008, 35) gesehen. Dieses übergeordnete Ziel der Inhaltsangabe, wird auch von PISA genutzt, um die Anforderungen ihrer Tests zu manifestieren. „Das Gros der Teilfähigkeiten, die PISA auf der mittleren, dritten Kompetenzstufe von den Lesern verlangt, entspricht den wichtigsten Teilfähigkeiten, über die verfügen muss, wer eine gelungene Inhaltsangabe verfassen will" (Zabka 2004, S. 201). In Bezug auf das Abitur ist die Inhaltsangabe nicht wegzudenken und wird häufig als Voraussetzung angesehen, insbesondere in der Sekundarstufe II. Dennoch spielt das Rezipieren von Texten ebenso in den kleineren Klassenstufen eine Rolle, wie der Thüringer Lehrplan für das Fach Deutsch am Gymnasium von 2011 zeigt:

Der Schüler kann: „...den Inhalt mündlicher oder schriftlicher, sprachlich und thematisch angemessener Texte in deutscher Sprache oder in der erlernten Fremdsprache zusammenfassen und sinngemäß übertragen..."[1]

Bei Schülerinnen und Schülern der Klassenstufe fünf bis zehn wird vorausgesetzt, dass sie diesen Arbeitsschritt erlernen und anwenden können. In der Abiturstufe wird diese Arbeitstechnik voraussetzend angenommen und es liegt zumeist im Ermessen der Lehrperson inwieweit noch Lernbedarf besteht.

Betrachtet man die Inhaltsangabe genau, ist festzustellen, dass hinter der Aufgabe: *„Gebe den Inhalt des Textes wider."* oder *„Fasse den Inhalt des vorliegenden Textes zusammen."* ein komplexer Denkprozess steht und für Schülerinnen und Schüler keine leichte Aufgabe darstellt. So stellt sich zunächst die Frage, nach Beschaffenheit, Funktion und Methode der Inhaltsangabe.

---

[1] Thüringer Ministerium für Bildung, Wissenschaft und Kultur: Lehrplan zum Erwerb der allgemeinen Hochschulreife. Deutsch 2011. S. 16.

Joachim Fritzsche reduziert den Bezug der Inhaltsangabe auf eine narratologische Kategorie – *den Plot*. Zabka stimmt dieser Reduktion zu, kritisiert jedoch, dass diese unzureichend ist, da nicht betrachtet wird, was nicht in einer Inhaltsangabe nicht in den Blick genommen wird. Er hält fest, dass „ [die Inhaltsangabe] eine *zusammenfassende Information über das in einem Text oder einem anderen Medium Dargestellte* [ist]. Der anzugebende Inhalt ist in der Regel die dargebotene Geschichte."[2] Reformulierung von mündlichen oder schriftlichen Texten zeichnet sich durch <u>Sachlichkeit und Verknappung</u> auf. Des Weiteren sollen Informationen <u>ohne persönliche Wertungen</u> aufgenommen und dargeboten werden. „Verfasser einer Inhaltsangabe müssen dazu in der Lage sein, die Handlungslogik abgelöst von den Formen erzählerischen Stils wiederzugeben, also ohne alle narrativen Markierungen, die beim Lesen Vorstellungen und Emotionen wecken..."[3] Anhand verschiedener Stilnormen solle dies dem Verfasser gelingen. Zu diesen gehören: „sachlich-informierender Stil unter Vermeidung von Formulierungen aus dem Ausgangstext, Verwendung des „reproduzierenden Präsens" (Hamburger 1953, 354) statt des narrativen Präteritums, grammatische Verwendung der dritten Person in Ersetzung der ersten Person, Verwendung zusammenfassender Attribute; indirekte statt direkter Rede [...]"[4] Weiterhin legt man nach Zabka Wert darauf, dass Redeinhalte durch sogenannte perfomative Verben, wie *widersprechen, zustimmen, schmeicheln, usw.* gebündelt werden und Nebensätze und Konnektoren gebraucht werden, um logische Zusammenhänge darstellen zu können[5].

3.2 Anforderungen beim Zusammenfassen

Betrachtet man die **Anforderungen** des Zusammenfassens, lassen sich einige Schwierigkeiten aufdecken. Gisela Beste (Deutsch-Methodik, 2007) nennt das Zusammenfassen eine „reproduktiv-produktive sprachliche Handlung". Zum einen stellt das Verkürzen und Verdichten, d.h. das Komprimieren der Textvorlage, eine

---

[2] Zabka, Thomas: Texte über texte als Formate schriftlicher Leistungsprüfung: Nacherzählung, Inhaltsangabe, Analyse, Interpretation und benachbarte Aufgaben. In: Lese- und Literaturunterricht. Teil 3. Hrsg.: Michael Kämper - van den Boogaart, Kaspar H. Spinner. Schneider Verlag Hohengehren GmbH: Baltmannsweiler 2010. S. 65.
[3] Ebd. S. 68.
[4] Ebd. S. 68-69.
[5] Vgl. Ebd. S. 69.

schriftsprachliche Herausforderung dar, andererseits geht mit der Abstraktion, d.h. der Suche neuer, umfassender Oberbegriffe, eine kognitive Aufgabe einher.

Diese Oberbegriffe sind oft mentale Modelle, welche durch den alltäglichen Gebrauch jedem bekannt sind. Die Aussage „auf die schiefe Bahn geraten" kann beispielsweise zusammenfassend für eine Reihe kleinerer illegaler Vergehen genutzt werden.

Das Finden angebrachter sprachlicher Begriffe setzt jedoch die Kernschwierigkeit des Zusammenfassens voraus: Das (Lese-)**Verstehen** der Textvorlage. Dazu gehört die genaue Rezeption des Textes, das Erkennen seiner Struktur, die Trennung wichtiger von unwichtigen Inhaltselementen, den Gesamtsinn verstehen, sowie die Neuverknüpfung wesentlicher Inhalte und Neuformulierung auf einer abstrakteren Ebene. Gerade die Sinnerfassung bereitet Schülern große Probleme, da es eine große Neigung zum flüchtigen Lesen und eine „Faulheit" bei der Ermittlung des Textsinns gibt. Hinzu kommt, dass wie Kaspar Spinner 1987 postulierte, entwicklungspsychologische betrachtet, eine Sinnwidrigkeit entsteht, wenn in Klasse sieben und acht bei aufkommendem „Textbewusstsein" (Wissen um ästhetische Gemachtheit von Texten) eine Förderung dessen durch das Inhaltsbewusstsein passieren soll.

Textnahes Lesen als didaktischer Ansatz ist die Voraussetzung für ein genaues Durchdringen des Sinns. Darüber hinaus spielen bei der Abstraktion die Kenntnisse von Textsorten eine Rolle. Die Inhaltsangabe einer Parabel erfordert den Blick auf den Verweisungscharakter des Inhalts. Über die Vorgaben, die bei einer Inhaltsangabe wichtig sind, kann man ebenso streiten, wie über einen überhaupt möglichen objektiven Stil einer solchen.

Zusammenfassend kann festgehalten werden, dass „die An- oder Wiedergabe literarischer Inhalte ist also keineswegs so etwas wie ein erster, elementarer Schritt zu einem komplexeren literarischen Verstehen, welches dann außerdem noch die Besonderheiten der erzählerischen Darbietung umfassen würde; vielmehr kann das Verstehen der erzählten Inhalte überhaupt nur das Verstehen ihrer literarischen Darbietungsweise hindurch erfolgen" (Zabka 2004, S.205).

Eine Schwierigkeit, die es nur durch eine gute theoretische Einbettung des Auftrags der Erstellung einer Inhaltsangabe zu beseitigen gilt, ist die Ambivalenz zwischen der primären Besonderheit von literarischen Texten und dem Ziel durch einen Text über einen Text mit Konzentration auf den Plot zu formulieren. Der Leser muss zwar, wie bereits erwähnt zunächst alle Besonderheit des Textes erfassen, um eine logische Reduktion vorzunehmen, jedoch gelingt dies in der Praxis nur selten. Übrig bleibt ein systematisches Übersehen, anstelle von ästhetischem Verstehen. „Der Gegenstand literarischen Verstehens ist nie besondere Darbietung des Inhalts; nie die bloße Geschichte, sondern immer die Erzählung der Geschichte" (Zabka 2004, S.212).

3.3 Funktionen der Inhaltsangabe außerhalb des Literaturunterrichts – *im* Literaturunterricht?

Wird die Frage nach der Funktion der Inhaltsangabe im schulischen Kontext gestellt, muss im selben Zuge die Frage nach der Außerschulischen gestellt werden. Was kann diese Textart leisten? Und wenn es darauf eine Antwort gibt, hilft diese möglicherweise auch bei der Betrachtung innerhalb des Literaturunterrichts.

Zabka nimmt in seinem Artikel von 2004 eine Dreiteilung vor, um darzulegen, was eine Inhaltsangabe leisten kann. Sie kann eine Orientierungshilfe in Situationen der (1) *Rezeption*, (2) der *Auswahl von Rezeptionsgegenständen* und (2) im *Diskurs über Rezeptionsgegenstände* sein.

(1) Eine Inhaltsangabe kann während einer Rezeption eine Verständnishilfe bei Fragen des Settings, Handlungszusammenhangs, der künstlerischen Darbietung und dem eigenen Umgang mit dem Text sein. Beispielhaft kann hier ein eine Inhaltsangabe in der Oper, dem Ballett und Theater genannt werden, die maßgeblich dazu beiträgt die Rezeption zu verstehen.

(2) Die Auswahl einer Rezeption ist meist an das Studieren des Klappentextes, der Filmankündigung, dem Stöbern in Artikeln und Lexika geknüpft. Es dient der Absicherung, dass Thema, Personal und Handlung auch gefallen. Die Inhaltsangabe kann diesem Bedürfnis direkt gerecht werden.

(3) Diese Situation tritt oft mündlich auf, im Austausch mit Mitmenschen oder der Rezeption von öffentlichen Diskursen. Auch hier kann eine Absicherung Antrieb sein, die mit einer Unsicherheit in einer bestimmten Branche ein her geht. Manchmal hilft sie aber auch, nach einer ersten Rezeption, Unklarheiten und/oder Leerstellen anders zu begegnen.

In Bezug auf den Literaturunterricht lassen sich diese Kategorien nahezu eins zu eins übertragen. Aufgabe des Lehrers könnte sein Situationen zu initiieren, in denen der Schüler genau mit den oben genannten Motivationen entweder, Inhaltsangaben rezipiert, oder aber, diese selbst schreibt. Beispiele hierfür kann eine Buchvorstellung des Lieblingsbuches/ -theaterstücks sein, was ein Schüler der Klasse präsentiert; das gemeinsame Auswählen der Unterrichtslektüre und/ oder das Hinzuziehen von Inhaltsangaben als Hilfe während einer Rezeption (gemeinsame Theaterbesuche, Lektüre, Musicals) sein.

3.4 Inhaltsangaben im Deutschunterricht

Allgemein lässt sich vor allem das Problem feststellen, dass die Schüler unterschiedliche Abstraktionsfähigkeiten besitzen. Welches methodische Vorgehen ist im Unterricht nun angebracht? Hierzu äußert sich van den Boogaart (Deutsch-Didaktik, 2003).

Es wird eine intensivere Arbeit an kurzen Texten empfohlen, bei der die Aufgabenstellung wichtige Unterstreichungen und knappe Randnotizen erfordert. Weiterhin bildet die gemeinsame Korrektur bereits vorhandener Inhaltsangaben eine Alternative, ebenso wie gemeinsame Formulierungsversuche.

Abraham (Praxis des Deutschunterrichts, 2012) unterscheidet vier Abstraktionsstufen im **Prozess** des Zusammenfassens.

1. Äußerer Ablauf: Was kann ich Weglassen?

2. Handlung abstrahieren: In welche Oberbegriffe kann ich Teilhandlungen integrieren?

3. Personen abstrahieren: Welche allgemeine Rolle haben die Figuren inne?

4. Komplette Abstraktion: Verknüpfung von Stufe 1-3 zu bestenfalls einem neuen Satz.

Beste (Deutsch-Methodik, 2007) verfolgt in Basisübungen des Deutschunterrichts einen Ansatz, der daran anknüpfen könnte. Beim *schrittweisen Zusammenfassen* soll zum einen das Erkennen und Rekonstruieren der gedanklichen Struktur trainiert werden, zum anderen ist ein Teilziel die schrittweise sprachliche Distanzierung von Primärtext.

1. Schritt: abschnittweises Bearbeiten (pro Abschnitt einen Stichpunkt zum Thema; in Partnerarbeit diese vergleichen und auf gemeinsame Lösung einigen = gemeinsame Diskussion über Relevanz von Textaussagen)

2. Schritt: auf Basis der Teilformulierungen in Einzelarbeit Text formulieren (ohne Primärtext einzusehen, anschließendes Feedback durch Partner und erneute Überarbeitung)

3. Schritt: eventuell Einbezug Autorenperspektive und indirekte sprachliche Umsetzung

Ein weiteres Übungsmodell für den Unterricht ist die *mehrfache Komprimierung*. Hierbei stellt sich die Frage, inwieweit ein Text beim Zusammenfassen komprimiert werden soll. Die Fragestellung zielt darauf ab, mehrere Zusammenfassungen unterschiedlicher Länge zu schreiben. Dabei können Schüler für den Adressatenbezug sensibilisiert werden, der auch ein Grund dafür ist, warum es nicht DIE einzig richtige Zusammenfassung/Inhaltsangabe geben kann.

Die Lehrkraft muss sich dahingehend im Klaren sein, dass das **Schreiben** einer Inhaltsangabe in verschiedenen Phasen abläuft. Die *Vorbereitungs- und Planungsphase*, welche die oben beschriebenen Probleme aufwirft, beinhaltet, den Zweck und Funktion der Zusammenfassung und die spezifischen Merkmale der Textart Inhaltsangabe zu rekapitulieren, sowie den Primärtext zu verstehen. Der *Formulierungsphase* schließt sich die *Überarbeitungsphase* an, z.B. durch eine Schreibkonferenz mit einer Checkliste.

4 Übungsphase

Im Folgenden soll Ihnen eine Inhaltsangabe vorgestellt werden, welche von einer Studentin verfasst worden ist. Diese beurteilte Ingo Schulzes Roman „Simple Storys" als Unterrichtsgegenstand im Fach Deutsch als Fremdsprache.

Kurze Inhaltsangabe des Kapitel 1: Zeus (Auszug aus einer Diplomarbeit):

Im ersten Kapitel wird eine Busreise nach Italien geschildert. Es geht um eine Gruppenreise, mit dem Bus sollte Venedig, Florenz und Assisi besucht werden. Zwei von den Hauptprotagonisten dieses Kapitels, das Ehepaar Renate und Ernst Meurer, haben diese Reise von ihren Söhnen Martin und Pit als Geschenk zum zwanzigsten Hochzeitstag bekommen. Die Meurers leben in der DDR und die Reise findet im Februar 1990 statt, sie ist zu diesem Zeitpunkt noch illegal. Die Meurers fahren zum ersten Mal nach Italien, zum ersten Mal nach Westen. Die Geschichte wird in der Ich- Perspektive von Renate geschildert. Renate scheint am Anfang, sich auf die Reise nicht gerade zu freuen. Sie meint, Ernst wird die Reise ablehnen, das macht er jedoch nicht. Ernst macht den Eindruck, dass ihm Italien gefällt.

Zwischen Florenz und Assisi hat der Bus eine Panne, hält in Perugia, einer Stadt zwischen Florenz und Assisi, an und die Reisegruppe macht also eine ungeplante Besichtigung dieser Stadt. Da passiert ein unerwartetes Ereignis, diese Buspanne treibt einen Mitreisenden Dieter Schubert zu einer verrückten Tat an, er klettert auf eine Kathedrale hinauf. Um die Kathedrale versammelt sich eine Menschenmenge, sowohl die Reisenden aus dem Bus als auch Italiener. Dieter Schubert beginnt von oben auf den Ernst Meurer zu schimpfen, er nennt ihn den „roten Meurer,,,,,, und den „Bonzen in dem grünen Anorak,,,,,. Außer Renate und Ernst weiß jedoch niemand, worüber Dieter spricht. Die Italiener verstehen ihn nicht und die Deutschen kennen sich nicht mit ihren richtigen Namen, weil alle gefälschte westdeutsche Ausweise mit falschen Namen haben. Trotzdem ist dieses Spektakel für Meurer unangenehm. Dieter klettert nach einer Weile von der Kathedrale selbst herab.

Nach diesem Spektakel auf dem Weg zum Bus erinnern sich Renate und Ernst an ihr Zuhause, an ihren Garten mit Erdbeeren und an eine ihnen vertraute Kneipe. Renate und Ernst denken an dasselbe. Renate schildert dies alles schon mit einem Zeitabstand und sagt, dass es nicht lange her ist, dass Ernst und sie an dasselbe gedacht haben.

 Aufgaben:

Lesen Sie die vorliegende Inhaltsangabe und beurteilen Sie deren Gelungenheit.

Was müsste verändert werden bzw. berichtigt werden. Versuchen Sie diese Passagen mit ihren Worten umzuschreiben.

Die Klassenstufe zehn des ▬▬▬▬ Gymnasiums befindet sich gerade in der BLF Vorbereitungsphase und befasst sich ebenfalls mit Inhaltsangaben als Vorstufe der Interpretation oder Textanalyse. Das Lehrbuch P.A.U.L. D. hält hierfür informative Seiten bereit, die wir im Folgenden mit ihnen diskutieren wollen.
(Aus urheberrechtl. Gründen entfernt. Vgl. im o.g. Lehrbuch S. 276 und S. 262.)

 Aufgaben:

Diskutieren Sie in Bezug auf die zuvor behandelte Fachliteratur die schulische Ausführung. Inwieweit sind diese vereinbar? Gibt es Schwierigkeiten oder Unterschiede?

5 Literaturverzeichnis

Thüringer Ministerium für Bildung, Wissenschaft und Kultur: Lehrplan zum Erwerb der allgemeinen Hochschulreife. Deutsch 2011.

Zabka, Thomas: Texte über texte als Formate schriftlicher Leistungsprüfung: Nacherzählung, Inhaltsangabe, Analyse, Interpretation und benachbarte Aufgaben. In: Lese- und Literaturunterricht. Teil 3. Hrsg.: Michael Kämper - van den Boogaart, Kaspar H. Spinner. Schneider Verlag Hohengehren GmbH: Baltmannsweiler 2010.

Zabka, Thomas: Literarisches Verstehen durch Inhaltsangaben? Anmerkungen zu einer umstrittenen Form des Umgangs mit narrativen Texten. In: Deutschunterricht nach der PISA-Studie. Reaktionen der Deutschdidaktik. Hrsg.: Michael Kämper - van den Boogaart. Frankfurt/Main 2004, S. 201-221.

BEI GRIN MACHT SICH IHR WISSEN BEZAHLT

- Wir veröffentlichen Ihre Hausarbeit,
  Bachelor- und Masterarbeit

- Ihr eigenes eBook und Buch -
  weltweit in allen wichtigen Shops

- Verdienen Sie an jedem Verkauf

Jetzt bei www.GRIN.com hochladen und kostenlos publizieren